Як стати супергероєм
Being a superhero

Ліз Шмуілов
Ілюстратор: Мері К. Бісвас

www.kidkiddos.com
Copyright ©2019 KidKiddos Books Ltd.
support@kidkiddos.com

Translated from English by Yuliia Vereta
З англійської переклала Юлія Верета
Ukrainian editing by Roksolana Shteibart
Редактор української версії Роксолана Штейбарт

Library and Archives Canada Cataloguing in Publication
Being a Superhero (Ukrainian English Bilingual Edition)/ Liz Shmuilov
ISBN: 978-1-5259-3237-3 paperback
ISBN: 978-1-5259-3238-0 hardcover
ISBN: 978-1-5259-3236-6 eBook

Please note that the Ukrainian and English versions of the story have been written to be as close as possible. However, in some cases they differ in order to accommodate nuances and fluidity of each language.

Привіт, друзі! Мене звати Майя. Я – ящірка. Я хочу розповісти вам про мого найкращого друга, жабенятко Рона, який став супергероєм.

Hi friends! My name is Maya. I am a lizard. I want to tell you a story about my best friend Ron the frog, who became a superhero.

Одного літнього дня я була у Рона вдома, і ми дивилися наш улюблений серіал про супергероїв.

One summer day, I was at Ron's house watching our favorite superhero show.

– *Знаєш, – раптом сказав Рон, – було б чудово стати супергероями. Ми могли б допомагати іншим!*

"You know," Ron said suddenly, "it would be cool to be a superhero. Then we would be able to help others!"

– *Це чудова ідея! – відповіла я, і мільйон думок пронеслися у моїй голові. – Я могла б стати твоїм тренером і навчити тебе всього, що має знати справжній супергерой!*

"That's a great idea!" I replied, millions of thoughts racing through my mind. "I could be your coach and teach you all the things a superhero needs to know!"

– Я бачила багато фільмів. Я можу навчити тебе, – додала я.

"I've watched a lot of movies. I can teach you," I added.

Коли Рон почув це, на його обличчі з'явилася надія.
As he heard this, a look of hope appeared on Ron's face.

– Але кожному супергероєві потрібна суперсила,
– тихо сказав він.
"But every superhero needs a superpower," he said quietly.

Я на мить задумалась.
– Твоєю суперсилою може стати
твій талант стрибати у довжину!
О, і твої липкі руки!
I thought for a moment. "Your superpower can be your talent in long jumps! Oh, and your sticky hands!"

– Так! – Рон аж підстрибнув від радості.
"Yes!" Ron jumped with excitement.

– Тепер нам потрібен костюм. Такий, щоб усі розуміли, що перед ними супергерой, – сказала я.

"Now we need a costume. Something everyone will recognize," I said.

Рон побіг до своєї кімнати та приніс червону кофту. – Ми можемо намалювати велику зірку на цій кофті!

Ron ran to his room and brought out a red shirt. "We can color a big star on this shirt!"

– Чудова ідея! – посміхнулась я.
– А плащ?

"Great idea!" I smiled. "How about a cape?"

– Ми можемо зробити його з моєї улюбленої ковдри! – вигукнув Рон. Його очі заблищали.

"We can use my favorite blanket!" exclaimed Ron. His eyes sparkled.

Ми відразу ж взялися до роботи, намалювали та розфарбували зірку на кофті Рона.
We got straight to work, drawing and painting on Ron's shirt.

– Приголомшливо! Ти матимеш вигляд справжнього супергероя! – сказала я, коли ми закінчили.
"It looks amazing! You will look like a real superhero!"
I said when we finished.

Наступного ранку ми зустрілись у парку і почали тренування.

The next morning, we met at the park and started practicing.

– Сьогодні я навчу тебе кількох важливих речей, без яких супергерою не обійтись. Це три супергеройські правила.
"Today, I will teach you a few important things every superhero needs to know: The Three Superhero Rules."

Ми сіли на лавку, і я пояснила Рону правила.
We sat down on the bench and I explained the rules to Ron.

– *Правило номер один: ніколи не здавайся, якою б складною не була ситуація.*

"Rule number one: never give up, no matter how difficult the situation gets."

– *Правило номер два: учись на своїх помилках, щоб наступного разу не повторити їх.*

"Rule number two: learn from your mistakes, so that you can do better next time."

– *Правило номер три: завжди пам'ятай, що ти зможеш все!*

"Rule number three: always remember that you can do anything!"

Ми вивчили правила, а згодом попрямували до мене додому.

We worked on memorizing the rules and then headed back to my house.

Повернувшись додому, ми зустріли мого молодшого братика Денні. У нього був засмучений вигляд.

When we got home, we met my little brother Danny. He looked upset.

– *Я не можу знайти свою улюблену іграшку! – він голосно заплакав.*

"I can't find my favorite toy!" he cried loudly.

Я глянула на Рона і прошепотіла: «Схоже, це завдання для Супергероя!»

I glanced at Ron and whispered, "This seems like a mission for a Superhero!"

Рон посміхнувся і кивнув.
– А що це за іграшка? – запитав він.

Ron smiled and nodded. "What does the toy look like?" he asked.

– Це моя м'яка іграшка, Лев, із серіалу про супергероїв, – пояснив Денні.
– Він великий і м'який.

"It's my stuffed toy, the lion, from the superhero TV show," explained Danny. "It's big and soft."

— Не хвилюйся. Ми знайдемо його, — запевнив його Рон, і ми розпочали нашу першу місію.

"Don't worry. We will find it," Ron assured him, and we began our first mission.

Ми шукали всюди: в шафах, біля сервантів, за столами і під стільцями. Іграшки ніде не було.

We looked everywhere — in closets, beside cupboards, behind tables and under chairs. The toy was nowhere to be found.

— Вам обом слід пошукати на задньому дворі, а я продовжу пошуки тут, — запропонував Рон.

"You two should go look in the backyard, and I'll keep searching here," Ron suggested.

Як тільки ми з Денні вийшли на вулицю, ми почули голос Рона. – Я знайшов його! Я знайшов його!

Just as Danny and I stepped outside, we heard Ron's voice. "I found it! I found it!"

Ми підбігли до Рона і поглянули на маленький предмет у нього в руці.

We ran to him and looked down at the small object in his hand.

– Це не той лев, про якого я говорив, – нахмурився Денні. – Моя іграшка велика і м'яка, а ця – маленька і дерев'яна.

"That's not the lion I was talking about," Danny frowned. "My toy is big and soft, but this one is small and wooden."

Спершу Рон насупився, але вмить відкинув розчарування і набрався рішучості.

Ron's face fell at first, but a look of determination quickly replaced the disappointment.

– Не хвилюйся, – сказав він. – Правило супергероя номер один: ніколи не здавайся!

"No worries," he said. "Superhero rule number one: Never give up!"

— Правило номер два, — додала я, — вчись на своїх помилках. Ми шукаємо велику і м'яку іграшку.

"Rule number two," I added, "Learn from your mistakes. We are looking for a big, soft, stuffed toy."

– М'яку і велику. Зрозумів! – відповів Рон.
"Soft and big. Got it!" Ron replied.

– І правило номер три, – сказала я, – хто зможе все?
"And rule number three," I said. "Who can do anything?"

– Я супергерой, і зможу все! – радісно вигукнув Рон.
"I'm a Superhero and I can do anything!" yelled Ron enthusiastically.

– *Ми повинні думати, як супергерої,*
– *продовжував він.*
"We have to think like superheroes,"
he continued.

– *Якщо іграшка не в будинку, вона повинна*
бути десь зовні. Вона ж не могла кудись полетіти!
"If the toy is not in the house, it must be
somewhere outside. It's not like it can fly away!"

Рон хихикнув і глянув на небо, але раптом завмер.
Ron giggled and looked up to the sky, but suddenly froze.

– *На що ти дивишся? – поцікавилась я, теж глянувши*
вгору.
"What are you staring at?" I wondered, looking up also.

Рон показав пальцем на верхівку нашої великої яблуні.
Ron pointed to the top of our big apple tree.

– *Це що таке...? – пробурмотіла я.*
"Is that...?" I began to mumble.

– Моя іграшка! Роне, ти знайшов її!
– вигукнув Денні.

"My toy! You found it, Ron!" Danny exclaimed.

– Але як же ми дістанемо її з дерева? – тихо запитав він.

"But how will we get it from the tree?" he added quietly.

– Рон легко зможе її дістати, – відповіла я. – Він може використати свої суперсили – липкі руки та стрибки в довжину.

"Ron can get it easily," I said. "He can use his powers — his sticky hands and super long jumps."

Рон глибоко вдихнув і почав підніматись по дереву, перестрибуючи з гілки на гілку.

Ron took a deep breath and began climbing the tree, jumping from branch to branch.

Він швидко дістався до іграшки, вмить зістрибнув вниз, і вручив її моєму братові.

He reached the toy and very soon, got down and handed it to my brother.

– Ти мій герой! – Денні засміявся і міцно обійняв Рона.

"You're my hero!" Danny laughed and gave Ron a big hug.

– Насправді, справжній герой – Майя, – зауважив Рон. –
Вона навчила мене всього, що я знаю!

"Actually, Maya is the real hero," Ron corrected him. "She
taught me everything I know!"

Того дня ми зрозуміли, що навіть якщо ми не супергорої з фільмів, ми розумні та сильні, і зможемо все!

That day we learned that even if we're not the superheroes from the movies, we're smart and strong and can do anything we want!

І пам'ятай, ти теж супергерой!

And remember, you are a Superhero too!

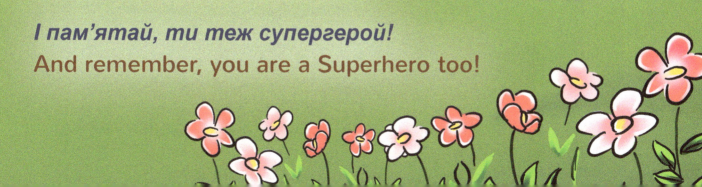

9 781525 932373